# Guía de lectura

Escrita por Isabelle Defossa
Traducida por Marta Sánchez Hidalgo

# La elegancia del erizo

de Muriel Barbery

# Entiende fácilmente la literatura con

**Resumen Express.com**

www.resumenexpress.com

# MURIEL BARBERY

## ESCRITORA FRANCESA

- **Nacida en 1969 en Casablanca (Marruecos)**
- **Algunas de sus obras:**
    - *Una golosina* (2000), novela
    - *La elegancia del erizo* (2006), novela

Muriel Barbery, nacida en 1969, es una escritora francesa. Se licenció en la Escuela Normal Superior de Fontenay-Saint-Cloud y le concedieron la cátedra en filosofía. Empieza trabajando como profesora en un instituto de Caen y luego trabaja en el Instituto universitario de formación de profesores de Saint-Lô.

En el año 2000 escribe su primera novela, *Una golosina*, que es un gran éxito de la literatura y está traducido a doce idiomas. En 2006, *La elegancia del erizo* es un verdadero best seller. Ha mantenido su vida privada alejada de los medios de comunicación y, apasionada del mundo japonés, se instala en 2008 en Kyoto con su marido

# LA ELEGANCIA DEL ERIZO

## UN AUTÉNTICO ÉXITO

- **Género:** novela
- **Edición de referencia:** Barbery, Muriel. 2007. *La elegancia del erizo*. Traducido por Isabel González-Gallarza. Barcelona: Seix Barral, colección *Biblioteca Formentor*
- **Primera edición:** 2006
- **Temáticas:** burguesía, apariencias, amistad, muerte, vida, literatura, arte, filosofía

*La elegancia del erizo* es la segunda novela de Muriel Barbery, publicada en 2006. Narra las vidas de Renée Michel y Paloma Josse, cuyos destinos se cruzan. Renée es portera de un inmueble de París. Tiene 54 años, es extremadamente culta y está dotada de una inteligencia que los ricos burgueses del inmueble no sospechan ni por asomo. Paloma Josse, una adolescente superdotada de 12 años, es la hija de los vecinos del quinto piso. Rechaza el mundo de los adultos que considera hipócrita, por lo que decide que el día de su 13 cumpleaños se suicidará y quemará el apartamento de sus padres. La mudanza de Kakuro Ozu en la cuarta planta provoca grandes cambios.

La novela, traducida a más de treinta idiomas, ha ganado muchos premios y ha ocupado el primer puesto de ventas durante meses.

# RESUMEN

## UNA PORTERA POCO HABITUAL

Renée Michel, de 54 años, es portera en París en un inmueble que acoge a ocho familias ricas y burguesas. Aunque sea extremadamente culta, actúa con astucia para hacer creer a sus empleados que es la persona que ellos creen: una mujer fea, estúpida y de mal humor.

Narra las visitas de Manuela, su única amiga; cómo su profesora de primaria le hizo salir al mundo el día que pronunció su nombre; la sorpresa que le hizo en su día la pedida de matrimonio de Lucien, su marido fallecido; su obstinación por entender la fenomenología (materia de filosofía que consiste en el estudio descriptivo de los fenómenos); su cariño por el perro de los Badoise que se empeña en ser un perro aunque su dueña quiere hacer de él un *gentleman*; su gusto por la lectura y el cine; la indiferencia de los burgueses del inmueble por la muerte de Lucien; su sorpresa cuando el doctor Chabrot, que vino a ver al señor Arthens que estaba moribunda, le dirigió la palabra por primera vez en veinte años; la posibilidad de entender la eternidad a través de una película japonesa; la muerte del señor Arthens; su indignación cuando Sabine Pallières, una de las residentes del inmueble y miembro de un comité de redacción para una gran editorial, cometió una falta de ortografía; su cariño particular por una de las niñas del inmueble, Olympe Saint-Nice, interesada en los gatos; la comparación que se puede hacer entre ella y Riabinine, un personaje de *Anna Karenina* (novela de León Tolstói, 1877), hombre inteligente no reconocido por el sistema.

Después de la muerte del señor Arthens, su familia se muda y pone en venta el piso. El nuevo residente es japonés y se llama Kakuro Ozu. Todos los habitantes del inmueble se interesan por él, pero éste está por encima de los convencionalismos y se fija rápidamente en la singularidad de Renée. Contrata a Manuela para reformar su casa y redecora su apartamento con un estilo japonés. Cuando le regala un precioso ejemplar encuadernado de *Anna Karenina*, Renée no consigue contener su alegría, Kakuro Ozu se da cuenta y la invita a cenar a su casa. La portera se ve obligada a ir a la peluquería y Manuela le presta un traje. Esa noche es la ocasión para que los dos personajes hablen y compartan sus intereses comunes. Al despedirse, el japonés propone a Renée ver una película en su apartamento el domingo siguiente.

## UNA NIÑA REBELDE

En el mismo inmueble vive Paloma Josse, una niña de 12 años. Es superdotada y no soporta la inteligencia superficial de su familia. Por miedo a no conseguir hacer frente a lo absurdo de la vida, ha decidido que suicidará y quemará el apartamento de sus padres el día de su 13 cumpleaños.

La niña escribe dos diarios: el primero, que dirige a la mente, incluye lo que ella llama «ideas profundas»; el otro, que afecta al cuerpo, se llama «Diario del movimiento del mundo». Las ocho primeras ideas profundas tratan de diferentes temas: cree que el aprendizaje es una estafa al verse rodeada de una madre que cita a Balzac (escritor francés,

1799-1850) o Flaubert (escritor francés, 1821-1880) en cada
comida y al tener como mascota dos gatos que se llaman
Constitución y Parlamento; reflexiona sobre la profunda
estupidez de su hermana mayor Colombe; se da cuenta de
que su madre cuida a sus plantas y a sus hijas de la misma
forma; cuenta cómo su padre se forja falsamente una
identidad de adulto; se ofusca por el comportamiento de su
hermana, maníaca y cada vez más ruidosa; explica por qué
ha contradicho al padre del novio de Colombe por las reglas
del go, un juego chino; después de la visita a la residencia de
su abuela (a la que odia) concluye que hay que pensar en el
mañana para vivir mejor en el presente.

Por otro lado, después de haber hablar con el señor Ozu y
haber admitido que la señora Michel no es la que pretende
ser, concluye que es la primera vez que conoce a alguien
que busca ver más allá de las apariencias. Por otro lado, sus
reflexiones tratan de la gramática, que ella considera como
una posibilidad de apreciar la lengua y no una manera de
aprender a leer bien, como afirma su profesora de francés,
la señorita Maigre. Finalmente, tras criticar el psicoanálisis
freudiano (de Freud, 1856-1939) que su madre defiende, dice
sentirse más madura cuando es capaz de apreciar la belleza
de un árbol que no le debe nada.

Paloma continúa con sus ideas profundas: con su amiga
Marguerite, va a casa del señor Ozu que les presenta a su
sobrina Yoko. Para Paloma es la única niña a la que no podrá
vaticinar su destino. Entonces se pregunta si tiene el futuro
escrito en la frente. Se imagina, mientras su hermana la se-
cuestra para contarle la vida de las abejas, que, al igual que

los animales, el hombre está hecho para cumplir su tarea lo mejor posible antes de morir.

En su *Diario del movimiento del mundo*, Paloma se maravilla ante un jugador de rugby que baila el haka, una danza maorí, se divierte con el ridículo que hacen la señora Meurisse y Diane Badoise al intentar separar a sus perros, y le fascina la belleza de un concurso de salto de trampolín. Después de emocionarse con el coro del colegio, se pregunta por qué la comunión a la que asistió es algo cotidiano en lugar de ser un momento excepcional.

## AMIGOS IMPROBABLES

Paloma baja a la portería de Renée por petición de su hermana. Cada una se da cuenta de la inteligencia de la otra. Desde entonces, la portería se convierte en un lugar de encuentros para Renée, Manuela, Paloma y el señor Ozu. Los domingos, Renée va a casa de Kakuro. Es su ocasión para hablar de sus respectivos esposos, ambos fallecidos. El japonés le pide que le acompañe al restaurante al día siguiente, pero Renée se niega. Paloma no entiende su reacción. Entonces Renée le confiesa la razón: su hermana murió por haber salido con un rico. Esta conversación con Paloma le hace cambiar de opinión y termina aceptando la invitación. Kakuro convence a Renée en el restaurante de que sean amigos. Ésta se siente como si fuese otra persona y no una portera. Sin embargo, en poco tiempo adquiere de nuevo en ese papel. Cuando sale para hacer la compra, se topa con Gégène, un vagabundo, que se pone a correr. Va tras él para alcanzarlo, pero le atropella una furgoneta y muere. Piensa en Manuela, Paloma, Kakuro, Lucien y su padre.

Paloma, en su *Diario del movimiento del mundo* escribe que al ver caer una rosa, piensa que ha encontrado la belleza y se pregunta si el secreto de la vida reside en el equilibrio entre la belleza y la muerte. Al cabo de sus tres últimas ideas profundas, entiende que si tiene ganas de quemar el apartamento es quizás por la contradicción que su familia representa en su vida, se da cuenta de que no quiere morir porque ha conocido a personas que valen la pena y toma finalmente consciencia del significado de la palabra «jamás» cuando Kakuro le comunica la muerte de Renée. Decide no pone fin a su vida y buscar los «siempres» en los «jamases», la belleza en la desesperación.

# ESTUDIO DE LOS PERSONAJES

## RENÉE MICHEL

Es bajita, fea y gorda. Tiene 54 años y es la hija de unos campesinos pobres. Lisette, su única hermana murió de joven. Desde hace veintisiete años es portera de un edificio particular. Compartía el trabajo con su marido Lucien que murió quince años antes. Vive en una portería del inmueble con su gato León, llamado así en homenaje a León Tolstói (1828-1910).

No se corresponde con la imagen que los jóvenes ricos tienen de la típica portera. Le gusta la película *Muerte en Venecia* de Luchino Visconti (1906-1976), la literatura rusa, la pintura holandesa, la cultura japonesa y se interesa por la fenomenología (corriente filosófica que describe los fenómenos y su forma de aparición). Pero, para no mezclarse con una clase a la que teme, ha decidido hacer creer a las personas que es una simple portera: una mujer inculta e irascible. Con este objetivo lleva a cabo artimañas para ocultar sus preocupaciones intelectuales.

Kakuro Ozu se da cuenta enseguida de su singularidad. Así podrán compartir sus intereses comunes. Conoce también a Paloma Josse, con la que también puede compartir su inteligencia y reflexiones.

## PALOMA JOSSE

Esta niña tiene 12 años. Lleva gafas rosas y tiene los ojos

grandes y claros. Es superdotada y la niña más pequeña de la familia Josse, unos de los burgueses ricos que viven en el edificio en el que Renée trabaja como conserje. Odia a su familia y a las personas que están a su alrededor, a las que considera de una suficiencia y pretensión intelectual molesta. Está acorralada entre un padre diputado, una madre que tiene un doctorado de letras, una hermana mayor que estudia filosofía y dos gatos llamados Parlamento y Constitución. Por eso decide suicidarse y quemar el apartamento de sus padres el día de su cumpleaños para no acabar como ellos en una «pecera». Antes de morir tiene como objetivo escribir un el mayor número posible de ideas profundas que expresa en forma de pequeños poemas japoneses. También ha decidido tener un *Diario del movimiento del mundo* que se consagra al movimiento de la gente, de los cuerpos y de las cosas y no al pensamiento.

Una de sus pocas amigas es Marguerite, una niña que tiene un agudo sentido de la réplica. Después de conocer a Kakuro Ozu y a Renée Michel, Paloma decide que no quiere morir.

## KAKURO OZU

Es un japonés rico y jubilado. Su padre era diplomático y su madre murió poco después de darle a luz. Su secretario es un joven asiático que se llama Paul N'Guyen. Tiene dos gatos: uno se llama Lévine y la otra Kitty, en referencia a los protagonistas de *Anna Karenina*, novela de Tolstói. Como está dotado de una capacidad para percibir a los jóvenes tal y como son, desenmascara enseguida a Renée, lo que fue un verdadero placer para los dos puesto que les permitió ser amigos. Por sus orígenes japoneses y su inteligencia, traba amistad rápidamente con Paloma.

## MANUELA LOPES

Es la única amiga de Renée. Es la señora de la limpieza de los Arthens, de los Broglie y de los Pallières. Proviene de una familia portuguesa de catorce hijos y se casó con un albañil expatriado en Francia con el que tiene cuatro hijos. Aspira a volver a su tierra natal y constituye un modelo de elegancia según Renée. Es una gran cocinera, suele quedar con Renée para tomar té y comer pasteles que ella misma prepara.

## LOS RICOS DEL INMUEBLE

Ocho familias viven en el inmueble en el que Renée trabaja como portera: los de Broglie, los Meurisse, los Rosen, los Saint-Nice, los Badoise, los Arthens, los Josse y los Pallières. El edificio se encuentra en la calle Grenelle número 7, en un barrio elegante y acomodado de París.

- En el primer piso viven los de Broglie. La señora de Broglie, Bernadette, es la única que se preocupa por la muerte de Lucien, el marido de Renée. Su esposo es consejero de Estado.
- El segundo piso está ocupado por la familia Meurisse, formada por Anne-Hélène, su galgo Athéna y por la señora Jacinthe Rosen.
- La tercera planta alberga por un lado a Olympe Saint-Nice, cuyo sueño es ser veterinario, y a su padre, diplomático; por otro lado a Anne Badoise, hija de un abogado y

su cocker pelirrojo llamado Neptune.

- En la cuarta planta se alojan Pierre, un crítico gastronómico, y Anna Arthens. Sus hijos se llaman Clémence, Jean (cuya vida es un caos) y Laura. Tiene una nieta: Lotte. Les sirve Bernard Grelier, el hombre que lo hace todo; Violette Grelier, la institutriz; Manuela, la señora de la limpieza, y un mayordomo ocasional. Cuando Pierre Arthens muere, la familia se muda y dejan sitio a Kakuro Ozu.

- La familia Josse vive en la quinta planta. Está compuesta por Paloma; Colombe, su hermana mayor a la que no soporta; su madre Solange, una depresiva crónica, y su padre Paul, un diputado. Los padres le dan una importancia particular al hecho de aparentar una cierta apertura de mente.

- En el sexto piso, la familia Pallières está formada por Sabine y su hijo Antoine, que se divierte diciéndole a Renée que Karl Marx (teórico del socialismo, 1819-1883) es capaz de cambiar su visión del mundo.

# CLAVES DE LECTURA

## UNA SÁTIRA SOCIAL

En *La elegancia del erizo*, algunos inquilinos del edificio son objeto de fuertes críticas. A través de sus relatos, Renée y Paloma no dejan de detectar los defectos de los habitantes. Los objetivos de sus ataques pertenecen a una clase acomodada de la sociedad: algunos nombres tienen una consonancia aristocrática (de Broglie); los empleos que ocupan los padres son prestigiosos (abogado, diplomático, crítico gastronómica o diputado); otros se distinguen a veces únicamente por su pretensión de profesar un culto a Marx o por el número de personas que trabajan a su servicio.

La sátira se dirige contra una clase social definida, la burguesía. Denuncia un comportamiento en particular: el interés que sienten por la cultura por ser un derecho y no por la cultura en sí misma.

Sería erróneo pensar que los críticas se dirigen a un público culto porque en tal caso, la elección de dos protagonistas eruditos y las numerosas referencias literarias, cinematográficas y artísticas no tendrían sentido. Muriel Barbery defiende en su obra lo contrario: la idea de que los que no tienen el privilegio de estudiar son los más sensibles al arte y a la cultura en general. Además, el público variado al que se destina *La elegancia del erizo* coincide con la exigencia de una igualdad en cuanto al acceso al conocimiento.

## UNA NOVELA A DOS VOCES

Dos narradores cuentan la historia: Renée y Paloma. El lector se hunde en el pensamiento de cada una. Van alternando sus conversaciones. Los capítulos que dan voz a Renée se interrumpen con reflexiones de Paloma, que hace partícipe al lector en sus secciones llamadas *Diario del movimiento del mundo* o *Ideas profundas*.

Esta elección de narración fragmenta la linealidad del texto y lo hace polisémico (con más de un significado). De hecho, cada una de las voces, a las que les corresponden tipografías particulares y estilos diferentes, dan al lector la oportunidad de percibir la realidad a través de dos perspectivas diferentes: la de una mujer mayor y la de una adolescente. Esta opción narrativa también permite al lector vivir dos veces y según dos puntos de vista diferentes los momentos importantes de la historia como cuando los dos personajes se conocen o cuando muere Renée.

La autora hace que la forma y el contenido se unan mezclando a lo largo de las páginas la voz de una hija de campesinos con la de una hija de burgueses. La cultura, accesible para todos, es el vector de los encuentros y de las amistades sea cual sea la clase.

## LA VIDA, LA MUERTE Y EL ARTE

*La elegancia del erizo* aborda muchos temas filosóficos. Gracias a la sensibilidad de los tres protagonistas principales (Renée, Paloma y Kakuro Ozu), el lector asiste a profundas reflexiones sobre el arte, el sentido de la vida o de la muerte.

- de entrada tenemos el tema del sentido de la vida gracias al personaje de Paloma. Ésta, enfrentada a una visión pesimista de la edad adulta, no encuentra ninguna razón para vivir y ha decidido poner fin a sus días;
- la muerte constituye otro tema central. Se aborda en profundidad en el último capítulo que da voz a Renée llamado «Mis Camelias». El lector asiste en directo en este pasaje al fallecimiento de la anciana y, sobre todo, a sus reflexiones sobre la muerte. Renée toma consciencia de que lo que más le aterroriza en su muerte no es su propio final, sino el hecho de que no volverá a ver a la gente a la que quiere. Esta desaparición repentina de la portera es también para Paloma el origen de una reflexión sobre la muerte, reflexión que cierra la novela. La muerte se convierte en la fuente de la vida puesto que el fallecimiento de Renée permite a Paloma darse cuenta de que la muerte es sinónimo de «jamás» y que hay que vivir por los bellos momentos de la vida. Entonces decide «a partir de ahora buscaré los siempres en los jamases. La belleza en este mundo» (última idea profunda);
- el arte es un tema igualmente importante en la novela. A todos los personajes principales les apasiona el cine, la literatura, la pintura e incluso el manga. En ellos encuentran una cierta forma de belleza y una forma de sobrevivir al contrasentido de una vida destinada a la muerte.

La presencia de la temática filosófica en el seno del texto no constituye una señal de pretensión. Al contrario, la novela se burla del juicio esnob del hijo de los Pallières al que «Max cambia por completo [su] visión del mundo» (Muriel 2007, cap. 1) y prefiere los razonamientos de una conserje.

La filosofía, lejos de especular sobre ella misma, se aborda a través de una inquietud de unión entre las ideas más elevadas y lo sensible. De hecho, todo cuestionamiento filosófico hecho por Renée o Paloma proviene de un problema que encontramos en la vida cotidiana y trata de temas que todos podemos encontrar en nuestra vida. ¿Por qué nos parece bella una obra de arte? ¿Qué adulto queremos ser? ¿Queremos detenernos ante la apariencia de una persona o más bien conocerla en profundidad?, etc.

# PISTAS PARA LA REFLEXIÓN

## ALGUNAS PREGUNTAS PARA PROFUNDIZAR EN SU REFLEXIÓN...

- *La elegancia del erizo* es una novela leída y apreciada por un público muy diverso. ¿A qué se debe este hecho?
- ¿Por qué podemos considerar que las personas del inmueble representan una especie de comedia social?
- ¿Cree que la adaptación cinematográfica concede el mismo valor a la belleza y al arte que la novela?
- ¿Cómo puede llegar a tratar este libro sobre filosofía sin hablar de ella?
- ¿Cuál es el papel de Kakuro Ozu en el relato?
- El ser y el parecer son dos temas muy presentes en la novela. Encuentre otros ejemplos en la literatura que se traten ambos temas.
- Barbery denuncia un comportamiento propio de un tipo de clase social. ¿Cuál es este comportamiento? ¿Qué hace la autora para oponerse a él?
- «La gente cree ansiar y perseguir estrellas, pero termina como peces de colores en una pecera» (idea profunda número 1). Comente la frase.
- ¿En qué aspecto se puede decir que tanto Renée como Paloma sufren una transformación interior a lo largo de la historia?

# PARA IR MÁS ALLÁ

## EDICIÓN DE REFERENCIA


- Barbery, Muriel. 2007. *La elegancia del erizo*. Traducido por Isabel González-Gallarza. Barcelona: Seix Barral, colección *Biblioteca Formentor*.


## ADAPTACIONES


- *El erizo*. Dirigida por Mona Achache con Josiane Balasko, Guarance Le Guillermic y Togo Igawa. Francia, 2009.
- Fioretto, Pascal. 2009. *L'élégance du maigrichon et autres pastiches*. París: Chiflet et Cie, 2009.
  La obra ha sido objeto de pastiche, lo que demuestra su éxito.

Made in the USA
Monee, IL
07 July 2026